Clasificación animal

Aves

por Erica Donner

Bullfrog
Books

Ideas para padres y maestros

Bullfrog Books permite a los niños practicar la lectura de texto informacional desde el nivel principiante. Repeticiones, palabras conocidas y descripciones en las imágenes ayudan a los lectores principiantes.

Antes de leer
- Hablen acerca de las fotografías. ¿Qué representan para ellos?
- Consulten juntos el glosario de fotografías. Lean las palabras y hablen de ellas.

Durante la lectura
- Hojeen a través del libro y observen las fotografías. Deje que el niño haga preguntas. Muestre las descripciones en las imágenes.
- Lea el libro al niño, o deje que él o ella lo lea independientemente.

Después de leer
- Anime a que el niño piense más. Pregúntele: ¿Ya conocías algunas de estas aves?

Bullfrog Books are published by Jump!
5357 Penn Avenue South
Minneapolis, MN 55419
www.jumplibrary.com

Library of Congress Cataloging-in-Publication Data

Names: Donner, Erica, author.
Title: Aves / por Erica Donner.
Other titles: Birds. Spanish
Description: Minneapolis, MN: Jump!, Inc., [2017]
Series: Clasificación animal
"Bullfrog Books are published by Jump!"
Audience: Ages 5-8. Audience: K to grade 3.
Includes bibliographical references and index.
Identifiers: LCCN 2016044771 (print)
LCCN 2016045915 (ebook)
ISBN 9781620316375 (hard cover: alk. paper)
ISBN 9781620316436 (pbk.)
ISBN 9781624965272 (e-book)
Subjects: LCSH: Birds—Juvenile literature.
Classification: LCC QL676.2 .F7318 2017 (print)
LCC QL676.2 (ebook) | DDC 598—dc23
LC record available at https://lccn.loc.gov/2016044771

Editor: Kirsten Chang
Book Designer: Molly Ballanger
Photo Researcher: Kirsten Chang
Translator: RAM Translations

Photo Credits: All photos by Shutterstock except:
Alamy, 17; iStock, 15; Superstock, 6–7, 10–11, 18, 23tl, 23bl; Thinkstock, 1.

Printed in the United States of America at Corporate Graphics in North Mankato, Minnesota.

Tabla de contenido

Voladores con plumas..4

¿Qué le hace ser un ave?.......................22

Glosario con fotografías.......................23

Índice..24

Para aprender más.................................24

Voladores con plumas

¡Mira arriba!

¿Qué es lo que ves?

¡Patos!

El pato es un tipo de ave.

alas

¿Qué le hace ser un ave?

Las aves tienen plumas.

Las plumas cubren
el cuerpo de las aves.

Cubren sus alas.

pluma

Todas las aves
tienen alas.

La mayoría de las aves
las usan para volar.

avestruz

Pero no todas
las aves vuelan.

Los pingüinos
pueden nadar.

Las avestruces
pueden correr.

Pero ninguno de
los dos puede volar.

Las aves son de sangre caliente.

Producen su propio calor.

Esto les permite vivir en lugares fríos.

pingüino

13

Las aves ponen huevos.
Pronto los huevos eclosionarán.

huevos

¡Mira! ¡Petirrojos!

Mamá les alimenta.

Ella utiliza su pico.

pico

Todas las aves tienen picos.

Los picos rompen semillas.

Ellos picotean
por insectos.

17

Las aves son de
todos los tamaños.

Algunas aves
son enormes.

El cóndor es un ave.

18

Algunas aves son pequeñas.
El colibrí también es un ave.

¡Las aves son geniales!

¿Qué le hace ser un ave?

pico
Las aves usan sus picos para comer, limpiarse, pelear, cortejar y alimentar a sus crías.

alas
Todas las aves tienen alas, pero no todas las usan para volar; los pingüinos las usan como aletas para nadar.

plumas
Las plumas del ave son importantes para el vuelo, la insolación y la impermeabilidad.

huesos
Los huesos de las aves son huecos; lo cual las hace ligeras, ayudándolas a despegar del suelo.

Glosario con fotografías

avestruz
Ave grande que
no puede volar;
es el ave más
pesada de todas.

pingüino
Ave acuática,
que no puede
volar; muchos
pingüinos viven
en Antártica.

cóndor
Ave grande de
caza proveniente
de América
del Sur.

sangre caliente
Pueden mantener
una temperatura
constante sin
importar el
medio ambiente.

Índice

alas 7, 8

eclosionar 14

huevos 14

insectos 17

nadar 11

pato 5

petirrojos 15

pico 15, 17

plumas 7

sangre caliente 12

semillas 17

volar 8, 11

Para aprender más

Aprender más es tan fácil como 1, 2, 3.

1) Visite www.factsurfer.com

2) Escriba "aves" en la caja de búsqueda.

3) Haga clic en el botón "Surf" para obtener una lista de sitios web.

Con factsurfer.com, más información está a solo un clic de distancia.